DE LA
Banque de France.

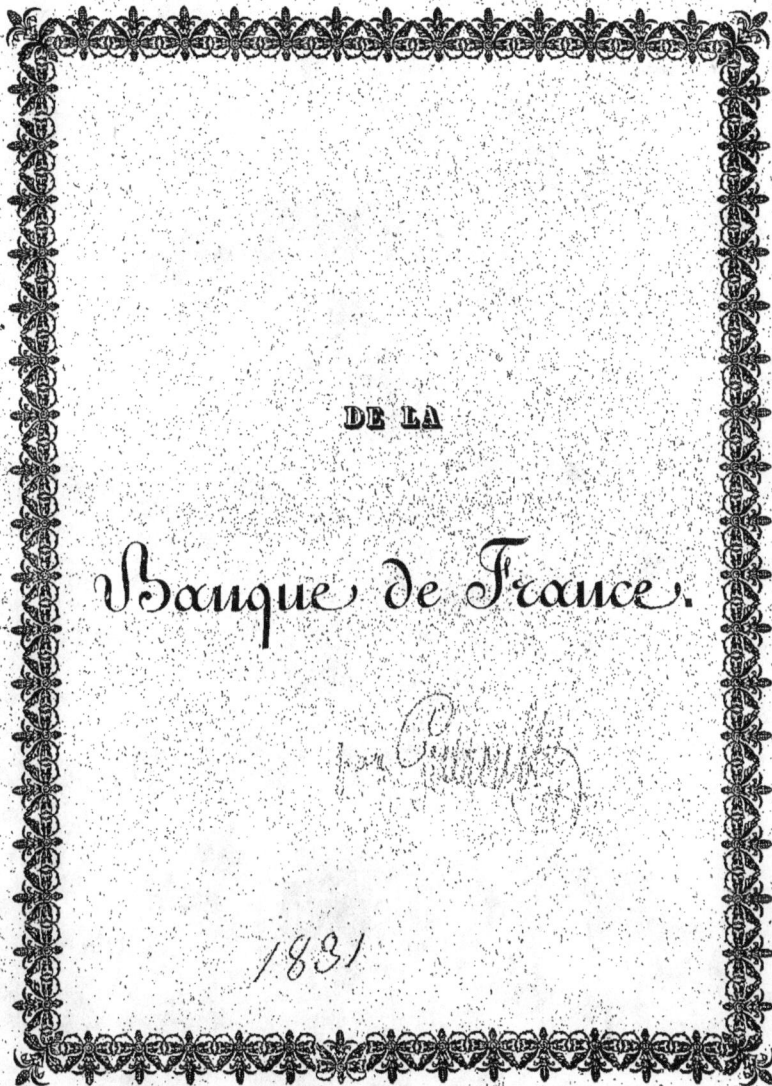

1831

DE LA

BANQUE DE FRANCE,

ET DU CRÉDIT

CONSIDÉRÉ COMME MOYEN DE SOUSTRAIRE LE PAYS
AUX CRISES COMMERCIALES;

PAR GUÉROULT,

EX-MEMBRE DU CONSEIL DES FABRIQUES ET MANUFACTURES PRÈS LE MINISTÈRE DU COMMERCE EN 1812, 13 ET 14.

PRIX : 1 FR. 25 CENT.

Paris.

SE TROUVE CHEZ TOUS LES MARCHANDS DE NOUVEAUTÉS.

JUIN 1831.

IMPRIMERIE DE J. L. BELLEMAIN,
rue Saint-Denis, n. 268.

AVANT-PROPOS.

Depuis bientôt un an que la révolution de juillet a porté le trouble dans les affaires commerciales, l'incertitude et les agitations de la politique ne leur ont point encore permis de reprendre leur cours ordinaire, et une invariable périodicité d'émeutes a jusqu'ici répandu l'alarme dans les esprits, et paralysé toutes les tentatives de l'industrie. Vainement le gouvernement a-t-il espéré faire renaître le calme en déployant un grand appareil de rigueurs; s'il a réussi jusqu'à ce jour à triompher de chaque mouvement populaire, il a été complètement impuissant à saisir et à extirper la cause, le germe des agitations futures; et dans cette lutte sans cesse renaissante, dont le terme est impossible à prévoir, il perd chaque jour une partie de sa force et de sa popularité, sans même parvenir à maintenir ce calme, cette tranquillité dont il apprécie justement l'importance. Ne serait-ce point qu'il n'a compris que la moitié de sa tâche? En effet, comprimer les tentatives turbulentes, est bien; mais ne serait-il pas mieux encore de rechercher si le facile ébranlement des masses laborieuses, si cette mobilité excessive, qui les met pour ainsi dire aux ordres de quiconque veut les soulever, ne serait pas la conséquence inévitable du désœuvrement forcé dans lequel elles languissent, et des privations, des souffrances de tout genre qui en sont l'accompagnement nécessaire? Ne vaudrait-il pas mieux prendre l'initiative dans la création des moyens de la faire cesser, et attaquer les émeutes par le travail, par le crédit qui le ferait naître, et qui, en ouvrant une issue régulière à la satisfaction de légitimes besoins, mettrait un terme à ce désir d'instabilité, de changement, qui pousse les masses en avant par l'espoir d'une condition meilleure? Or, il faut le reconnaître, en face de toutes les chances de perturbation dont nous sommes journellement assiégés, les *garanties* industrielles sont à peu près nulles, et l'insuffisance des moyens de crédit laisse le sort des affaires aux mains des hommes à argent, qui, loin de se montrer les patrons, les tuteurs de l'industrie, la traitent en pays conquis, et ne songent qu'à leur propre intérêt. Il importe donc plus que jamais de développer et d'élargir la base du crédit privé, bien autrement important que le crédit public, et sur lequel reposent à la fois et la prospérité de l'avenir et la sécurité du présent.

J'ai cherché dans cet opuscule à montrer, par l'examen de la marche suivie depuis quelques années par la Banque de France, combien elle est loin de remplir sa mission, et dans quelles vues étroites sont dirigées toutes ses opérations. Ensuite j'ai tâché d'indiquer les moyens par lesquels elle pourrait se compléter, et subvenir, sans compromettre sa sûreté, aux innombrables besoins qui s'agitent autour d'elle.

En excitant le gouvernement à provoquer lui-même cette mesure, je ne me suis pas dissimulé que je me mettais en rébellion ouverte contre l'orthodoxie économique du *laisser faire, laisser passer;* mais, à cet égard, j'avoue franchement que je crains peu l'imputation d'hérésie. Je suis loin sans doute d'exhorter le gouvernement à se faire industriel, à administrer lui-même un établissement dont la direction exige des habitudes qui ne sont point les siennes; mais je crois que c'est à lui à donner le branle aux esprits sur ce point, à protéger, à favoriser de tout son pouvoir les mesures nécessaires; car, s'il a jugé à propos de ne pas *laisser faire* le désordre et *laisser passer* l'émeute, il faut encore qu'il veille à ne pas *laisser passer* la faim et la misère.

DE LA

BANQUE DE FRANCE,

ET DU CRÉDIT

CONSIDÉRÉ COMME MOYEN DE SOUSTRAIRE LE PAYS AUX CRISES COMMERCIALES.

L'article 15 du décret du 16 janvier 1808, par lequel la Banque de France est instituée, porte « qu'il sera pris des mesures » pour que, le 15 février suivant, le *petit* commerce soit appelé » à jouir des avantages de l'escompte au moyen d'une *garantie additionnelle*.» Cette condition n'eût jamais été remplie si, depuis la révolution de juillet, les cris de détresse du *petit* commerce, privé même de ses insuffisantes ressources, n'eussent nécessité l'érection d'un comptoir où l'escompte lui est *octroyé*, non pas sous la condition d'une garantie additionnelle, mais au contraire avec la facilité de présenter, en dépit des statuts, du papier à deux signatures au lieu de trois qui sont exigibles. Aussi, pour ne pas prolonger cette condescendance inconstitutionnelle, on va fermer ledit comptoir à la fin du mois de juin courant: l'importante obligation imposée à la Banque va retomber dans l'oubli primitif d'où elle a été momentanément tirée, et le *petit* commerce, une seconde fois déshérité de la protection promise, restera désormais spectateur désintéressé des crédits privilégiés, exclusivement ouverts à ceux qui en ont un besoin moins pressant, et dont le rôle commercial est, sans contredit, moins important.

Car, à vrai dire, cette dénomination même de *petit* commerce indique assez que nos appréciations en France sont souvent en raison inverse de la réalité. Il est remarquable que chez les Hollandais la pêche du hareng est dite *la grande pêche*, tandis que la pêche de la baleine ne tient, dans l'esprit de cette nation de calculateurs, qu'un rang secondaire. Ne pourrait-on pas dire de même que ce qu'on appelle le *petit* commerce est véritablement, par le nombre de bras qu'il occupe et l'importance de ses travaux, le commerce lui-même; et que les banquiers et les capitalistes représentent l'industrie à peu près comme les grands seigneurs représentent la nation? Il serait temps, ce me semble, de revenir, non-seulement sur les mots, mais sur les choses, et de songer un peu aux intérêts de ceux qui, par leur nombre et leur activité, sont véritablement les auteurs de ces richesses et de ce crédit dont ils ne profitent pas. Ici je m'adresse aux hommes du pouvoir, et je leur déclare que du jour où les petits industriels seront convenablement admis à participer aux bénéfices du crédit, les crises commerciales et toutes leurs conséquences seront peu à redouter; que l'impôt deviendra à la fois plus productif et plus léger, et que la Banque dite de France, cette association privée, aujourd'hui préoccupée de ses seuls intérêts, pourra, tout en augmentant ses bénéfices, n'être plus un obstacle à ceux des autres, et trouvera dans cette direction nouvelle l'occasion d'utiliser l'excès de capitaux que, par leur défiance, les agens d'un petit nombre de capitalistes (trois mille six cents environ) retiennent improductivement dans ses caisses.

J'ai parcouru avec attention les comptes rendus de la Banque pendant ces trois dernières années. Bien qu'à ces documens soient joints un discours du gouverneur et un autre des censeurs, on se demande encore, après les avoir lus, quelle a pu être la pensée de l'illustre fondateur de la Banque, en donnant à cette institution privée un *gouverneur* nommé par l'autorité; son intention était sans doute que ce chef représentant des intérêts généraux, et placé au point de vue du bien-être commun de la société, intervînt sans cesse au milieu des combinaisons étroites de l'intérêt particulier, s'efforçât de les élargir et d'étendre, autant que possible, les bienfaits du crédit à tous les hommes industrieux. Tel était sans doute le but que se proposait Napoléon; mais tout ce qui ressort de l'examen des comptes rendus, c'est que le gouverneur et les censeurs, ses acolytes, composent ensemble une agence pleine de prudence et même de timidité, et beaucoup plus inquiète de garantir de toute avarie le dividende des actionnaires, que de poursuivre le but de son fondateur, ou encore de se conformer à l'article 10 du décret précité, stipulant qu'il sera établi *des comptoirs d'escompte* dans les villes de département où les besoins du commerce en feraient sentir la nécessité.

Tous ces comptes rendus peuvent se résumer dans les observations suivantes :

1° La Banque a trop de capitaux pour les relations d'escompte qu'elle entretient exclusivement avec le haut commerce.

2° Si la Banque n'avait pas occasion d'escompter pour des sommes assez considérables de bons royaux, les dividendes se réduiraient à peu de chose.

3° C'est en employant une partie de son capital dans les rentes sur l'État, avant leur grande augmentation, que ces dividendes se sont accrus.

4° La prudence du gouverneur et des censeurs est telle, que les pertes annuellement essuyées n'ont été que de 50 à 65,000 fr.

Toutes ces remarques prouvent :

1° Que l'existence seule de la Banque, telle qu'elle s'est constituée, est un mal, puisqu'elle retient inutilement pour elle-même des capitaux si nécessaires ailleurs; et qu'elle n'entend rien à son rôle de banquier, puisqu'elle laisse subsister l'usure par toute la France et même à ses côtés.

2° Qu'en abandonnant l'escompte du commerce pour prêter à l'État et spéculer sur les fonds publics, la Banque a réellement prévariqué comme Banque de France, puisque l'escompte qu'elle refuse est une proie acquise aux usuriers, qui, par les comptes ouverts chez elle, jouissant de ses faveurs rares et privilégiées, la rendent complice de leurs brigandages, et la constituent par le fait la métropole de toute l'usure parisienne.

3° Enfin que la fonction de gouverneur de la Banque, qui devrait être une espèce de ministère industriel, se trouve réduite aux mesquines proportions d'une surveillance de comptabilité financière.

Reste une dernière remarque plus curieuse que toutes les autres, c'est un rapprochement assez singulier qui, ce me semble, n'aurait pas dû échapper à la sagacité du gouverneur et des censeurs.

Comme on le voit dans les comptes rendus, ils se félicitent

mutuellement de leur extrême prudence; elle a été poussée au point qu'en 1828 ils n'ont perdu que 52,650 francs; et en 1829, 65,500 francs. Dans ces deux années les escomptes avaient été de 407 et de 434 millions, et les bénéfices pour la première année de 2,519,432 francs, et pour la deuxième de 2,585,553 francs.

Ne voilà-t-il pas qu'en 1830 la crise commerciale arrive à la suite de juillet, et que, dans la crainte d'essuyer de plus grandes catastrophes, le gouverneur et les régens oublient leur prudence ordinaire, s'émeuvent et ont la hardiesse, en dépit des terreurs du moment, d'escompter jusqu'à 617 millions! Qu'arrive-t-il? c'est qu'en effet, au lieu de 50 ou 60,000 f., ils en perdent 750,000; mais voyez, et le résultat de leur témérité fera apprécier l'à-propos de leur prudence. En dernière analyse, les 750,000 fr. de sinistres payés, tous frais couverts, la Banque a réalisé 4,021,068 fr., c'est-à-dire 1,435,000 fr. de plus que les années précédentes. Que faut-il conclure de ces comparaisons? c'est que si depuis sa création la Banque eût étendu ses escomptes comme je le propose, ils se seraient probablement élevés de 1,200,000 à 2 milliards par an; que ses bénéfices eussent monté en proportion; qu'elle eût écrasé l'usure et épargné la plus grande partie des faillites, presque toutes préparées de longue main par l'avidité ruineuse des banquiers en sous-ordre; elle eût activé le mouvement général du commerce, et retiré presque toutes les industries de l'état de souffrance dans lequel elles languissent, sans s'exposer elle-même définitivement à aucune chance de perte; car, dans la marche progressive des affaires, les risques d'un établissement de crédit ne peuvent que décroître journellement: l'année 1830 en fournit la preuve; elle eût grandement contribué à la prospérité de toutes les industries, « car » c'est moins à la diminution du travail des fabriques qu'au » peu de bénéfices qu'elles en retirent, que peut être attribué » en partie le malaise prolongé qu'elles éprouvent; et sans doute » si bon nombre de fabricans avaient des capitaux plus considérables, *ou jouissaient du crédit qui les remplace momentanément*, ils pourraient retirer une juste rétribution de leurs » produits, en ne les vendant qu'aux époques de consommation, » au lieu de subir la loi des acheteurs, étant forcés de les réaliser au moment où ils sortent de leurs ateliers, faute de pouvoir attendre. »

Tout ce que je viens de souligner est extrait du compte rendu de 1830 (page 11). Telle est la conviction même du gouverneur et des régens, et c'est contre cette conviction qu'ils se sont efforcés de resserrer habituellement *le crédit qui remplace momentanément les capitaux*.

J'ai fait remarquer la contradiction qui existe entre les principes même avoués par la Banque et sa propre conduite; j'ai prouvé que si elle comprend à merveille quelle serait la véritable direction à suivre, elle est loin de s'y conformer; enfin, que les articles 10 et 15 des statuts qui devaient étendre à toute la France le bienfait de son institution, n'ont jamais été mis en pratique. On conçoit une semblable négligence de la part de régens exclusivement placés au point de vue de l'intérêt privé, mais de la part du *gouverneur*, un pareil oubli est tout-à-fait inexplicable.

Pour terminer ces observations, je demanderai ce que signifie cette phrase rédigée en axiome et apportée comme excuse des restrictions imposées à l'escompte (compte rendu, janvier 1829, p. 5): « Il ne faut pas oublier du reste que les banques » facilitent bien, mais ne créent pas les affaires. » J'avoue que je ne comprends rien à cet énoncé. Il me semble plutôt que si les affaires reposent sur une cause constante et toujours progressive dans son intensité, savoir la satisfaction de tous les besoins de l'homme, faciliter les affaires c'est permettre à cette cause d'agir avec plus d'énergie et d'efficacité; c'est créer les affaires dans l'acception réel du mot, puisque c'est lever l'obstacle qui s'opposait seul à leur développement naturel. D'ailleurs l'exemple des pays qui jouissent d'un bon système de crédit, et de l'Angleterre en particulier, suffirait seul à résoudre la question, si elle pouvait un instant demeurer indécise.

Nulle part ailleurs il n'y a autant de *machines à crédit*, si je puis m'exprimer ainsi; elles correspondent l'une à l'autre et provoquent, dans la localité où elles existent, une production qui devient bientôt la matière avec laquelle chacun paie les consommations que lui fournissent ses voisins: cette action réciproque a fait la fortune de l'Angleterre. Il y a entre ses habitans une plus grande égalité que partout ailleurs dans la manière de vivre, et si l'on remarque que les consommations de ce pays sont aussi considérables que celles de toute l'Europe, c'est que la production, autrement dit l'industrie, y a reçu plus d'encouragemens; c'est que les banques ont exercé partout leur action. En voilà assez pour prouver que la Banque de France, en centralisant son influence dans la capitale, est loin d'avoir rempli sa vocation.

Je termine ici mes observations sur les comptes rendus et les théories économiques de la Banque. Au surplus, quelles que soient les conséquences qu'on puisse tirer de ce qui précède contre sa doctrine et sa marche, j'avouerai que cette institution, complétée dans son organisation et ramenée à des principes plus larges, pourrait rendre à l'industrie et à l'Etat des services précieux. Il faudrait que le gouverneur sût réellement apprécier la valeur de sa mission, et que, sans froisser l'intérêt privé pour lequel les régens et les censeurs témoignent du reste une sollicitude bien propre à rassurer les actionnaires, il s'appliquât à réduire progressivement le taux de l'escompte, et à étendre les bienfaits du crédit sur tous les points principaux de la France. Il faut convenir aussi qu'avec son organisation imparfaite, la Banque est aujourd'hui dans l'impuissance absolue de descendre dans les ramifications innombrables du commerce, et d'apprécier, dans chaque spécialité, la solidité des valeurs qui lui seraient présentées. Le décret de 1808 laisse à désirer sur ce point, car tout en portant que « dans le *mois* il serait pris des mesures pour que le petit » commerce jouisse auprès de la Banque des avantages de l'es» compte au moyen d'*une garantie de plus* », il n'indique nullement les mesures à prendre pour arriver au résultat pratique, et la nature de la garantie additionnelle est encore à trouver.

J'ai tenté de suppléer à cet oubli, dont les circonstances font de plus en plus sentir la gravité; toutefois avant d'exposer le plan supplémentaire qui permettrait à toutes les capacités industrielles d'entrer en possession du crédit que la Banque est *obligée* d'ouvrir au petit commerce, je vais essayer de montrer la nécessité où la Banque se trouve de se livrer à ce développement nouveau, et l'intérêt que le gouvernement a de l'exiger; car ce serait une puissante ressource contre les crises commerciales et les souffrances des classes inférieures, causes premières des perturbations auxquelles la société est en proie, et qu'on tenterait en vain d'expliquer par les seuls motifs de circonstance. Mon plan, du reste, n'étant point seulement destiné à remédier aux souffrances présentes, mais devant exercer une grande influence sur la prospérité du commerce à venir, il importe, pour bien comprendre les idées sur lesquelles il repose, de jeter un coup-d'œil sur les inégalités injustes auxquelles est encore soumise la distribution des richesses.

Considérée sous le rapport économique, la société se compose de propriétaires, de capitalistes et de travailleurs. Ces derniers sont non-seulement les auteurs de toute richesse, puisque sans eux les terres resteraient stériles et les capitaux improductifs; mais l'accumulation incessamment répétée de leurs efforts est si puissante, que le sol, la propriété immobilière, qui, dans l'origine, représentait la presque totalité du capital national, est entre leurs mains, au moins chez les peuples avancés, un instrument susceptible de s'élever indéfiniment au-delà de sa valeur actuelle. L'Angleterre, par exemple, dont le sol est bien moins fertile que celui de l'Espagne, possède déjà, par ses progrès industriels, une richesse incomparablement supérieure à celle des états du roi catholique; elle doit tout à son immense travail: ses usines, ses manufactures, ses machines à vapeur, ont tellement multiplié la puissance des bras de l'homme, qu'un Anglais produit vraisemblablement cent fois plus qu'un Espagnol. Cependant quel que soit le prodigieux développement industriel dû à l'activité des travailleurs, il est douteux qu'en Angleterre le peuple jouisse d'un sort beaucoup plus heureux qu'en Espagne. Cette réflexion est affligeante. Quoi! ces hommes qui ont élevé si haut la puissance de leur pays, sont les seuls à ne pas jouir des richesses qu'ils ont créées! Une pareille anomalie a de plus quelque chose d'effrayant, car à mesure que la civilisation s'accroît et que le nombre des industriels augmente, l'incertitude constante du sort d'un si grand nombre d'hommes doit exciter de légitimes inquiétudes. Nul doute, si nos gouvernans ont de la prévoyance, s'ils comprennent bien l'avenir, qu'ils ne doivent s'appliquer à rendre moins précaire la subsistance de la classe laborieuse.

Il y a, peut-être, pour arriver à ce but, moins à faire pour nous qu'on ne pense; et, à mon sens, quand nos lois auront reçu les modifications qu'on est en droit d'attendre dans un avenir rapproché, l'inverse de ce que nous voyons doit avoir lieu, c'est-à-dire qu'il viendra un jour où le travailleur retirera de son travail plus de jouissances que le capitaliste et le propriétaire n'en retireront de leurs terres et de leurs capitaux. Cette époque, j'imagine, serait fortement hâtée si le numéraire, qui a rendu au commerce de si grands services, mais qui aujourd'hui n'est plus qu'un agent insuffisant, pouvait cesser de jouer *le rôle* principal dans les achats et les paiemens. Sans doute les écus, par leur titre et leur poids, doivent être la mesure d'appréciation commune entre des objets d'échange de nature différente et compléter l'appoint des paiemens; mais là doit se borner leur utilité. Cependant, aujourd'hui leur importance dépasse de bien loin cette limite, et leur influence actuelle ne peut être justement appréciée que quand on pense que leur *abondance* et leur *rareté* ont produit toutes les crises dont nous avons été les témoins et les victimes.

Certes nous ne dirons pas avec les économistes du ministère Martignac que l'industrie produit trop; car quelle que soit l'impulsion imprimée à la puissance productive, la somme des besoins est telle, et le mouvement même de la civilisation leur donne chaque jour un tel accroissement, que, dans un état bien ordonné, jamais la production ne peut dépasser la limite des besoins généraux, et que par conséquent les *salaires* et les *bénéfices* des producteurs doivent un jour être hypothéqués sur une base inébranlable. Pourquoi donc aujourd'hui sont-ils sujets à tant de variations? Serait-ce, par hasard, que les besoins sur lesquels ils reposent ont diminué? Mais au contraire, l'histoire de l'industrie atteste qu'elle n'a dû ses merveilleux développemens qu'à la manifestation successive de besoins nouveaux qu'elle s'est proposée de satisfaire, et cette loi est confirmée chaque jour par tout ce qui se passe sous nos yeux. A quoi donc attribuer ces perturbations intermittentes désignées sous le nom de crises commerciales? Pourquoi voyons-nous souvent encombrement d'un côté et disette de l'autre? Serait-ce que les besoins que les produits fabriqués étaient destinés à satisfaire, ont été tout-à-coup supprimés dans l'humanité? Oh non! car nous la voyons exciter dans les masses souffrantes des agitations convulsives; c'est que l'intermédiaire obligé de l'échange, l'écu, a disparu; cet agent, qui n'est pas la richesse, mais qui est l'âme de la circulation et le gage de la confiance, s'est retiré ; et quelqu'impérieux que soient les cris de la souffrance, quelques puissantes que soient les forces du travail qui pourrait l'appaiser, la désorganisation se manifeste, sitôt que par son absence les affaires sont arrêtées. Dès-lors, de la part du travailleur, plus d'avances à espérer, plus de secours à attendre, plus de moyens d'utiliser son temps et son travail ; il faut fermer les ateliers, laisser les matières premières en magasin, se ruiner, mourir de faim ; et pourquoi? parce que l'agent aujourd'hui indispensable de l'échange a été enlevé à la circulation, soit par la frayeur, soit par tout autre motif.

Un autre défaut non moins grave de l'écu, c'est qu'étant par sa nature même mobile, fugitif, insaisissable, il se montre ou disparaît d'une manière irrégulière et capricieuse, suivant le hasard des combinaisons individuelles de quelques banquiers en Europe, ou des emprunts ouverts par des gouvernemens obérés ou belliqueux (1) ; car depuis que chaque nation étend sur tout le globe ses spéculations et ses entreprises, et que par suite du développement de la concurrence, chaque perturbation locale produit un retentissement universel ; depuis que les gouvernemens empruntant dans un but militaire, et par conséquent improductif, attirent à eux par la solidité de leurs garanties des

---

(1) C'est ici le lieu de rappeler l'une des causes qui contribuèrent le plus puissamment à déterminer cette fameuse crise de 1826, si fatale au commerce de l'Europe.

Toujours hardie dans ses spéculations, l'Angleterre, endettée de 20 milliards, pensa avec justice qu'elle allégerait singulièrement le poids de son fardeau si elle parvenait à prêter aux nations étrangères une somme égale, autant que possible, à sa dette, surtout si elle pouvait remplir ces prêts divers, non en capitaux, mais en produits sortis de ses usines, dont la fabrication ferait nécessairement naître chez elle un immense mouvement d'industrie. Onze milliards furent ainsi prêtés de 1816 à 1825 aux divers gouvernemens de l'Europe et de l'Amérique. Mais l'événement déjoua en partie les calculs de l'Angleterre ; les marchandises se vendirent mal, les échéances arrivèrent avant que les rentrées aient pu se faire, et, contre toute prévision, les banquiers de Londres furent obligés de payer les traites acceptées avant d'avoir touché le produit de la rente des marchandises expédiées dans ce but.

Telle est l'histoire de la crise de 1826, qui enveloppa dans une même disgrâce toutes les nations de l'Europe, étrangères pourtant à un projet conçu dans l'intérêt particulier de l'Angleterre.

capitaux enlevés aux fonctions industrielles, l'industrie est comme un vaisseau exposé à tous les caprices des vents, poussé au hasard sans boussole et sans gouvernail, n'ayant d'espoir que dans les spectateurs égoïstes qui, du rivage, le contemplent sans oser prendre la mer pour le sauver, ou qui même calculent déjà ce que vaudront les débris du naufrage. Or ces spectateurs égoïstes ce sont les capitalistes qui, loin de s'aventurer pendant la tempête, ont soin de caserner leurs écus, jusqu'au moment où le calme, retardé par cette prudence intempestive, est enfin revenu. Or cette mobilité qui rend l'écu véritablement cosmopolite, quand on songe qu'elle ne reçoit d'impulsion que d'une aveugle imprévoyance ou des combinaisons étroites d'hommes qui, étrangers aux intérêts du commerce, n'intervenant dans ses combinaisons que pour le dépouiller, sont pourtant les possesseurs et les dispensateurs des richesses dont il se nourrit; on conçoit pourquoi nous sommes contraints de recourir à des moyens nouveaux, car bien que le numéraire ait suffi à nos pères étrangers à cette redoutable solidarité industrielle, qui par toute la terre fait peser sur tous les fautes de chacun, il ne peut nous offrir un appui aussi solide qu'il l'a été pour nos devanciers.

L'utilité des banques de circulation, dont l'invention date de l'époque où le commerce a pris un essor plus rapide, est devenue, par les mêmes raisons, très secondaire.

Jusqu'ici, il est vrai, ces banques ont facilité les affaires et conséquemment augmenté leur masse, mais aujourd'hui leur constitution est complètement insuffisante en face du grand nombre de besoins nouveaux qui se sont manifestés. En effet, depuis que le numéraire est devenu essentiellement voyageur, ces banques se croient obligées, avec raison sans doute, de garder dans leurs caisses une quantité d'espèces qui soit, avec leurs billets émis, dans une proportion considérable, afin qu'une crise survenant, ce qui peut arriver tous les jours, elles puissent, au moyen d'un remboursement immédiat, prévenir les progrès de la méfiance. En 1780, la Caisse d'Escompte n'avait que 10 millions de capital, et elle émettait avec sûreté de 100 à 130 millions de billets; en 1830, la Banque de France, avec 240 millions dans ses coffres, n'avait pas pour plus de 210 millions de billets en circulation; ensorte que toute l'utilité de la

Banque est réduite aujourd'hui à substituer une monnaie plus commode à la monnaie métallique. Ce seul fait prouve assez combien l'institution des banques a perdu de son efficacité.

Des publicistes ont prétendu que 1/5e d'écus suffisait au remboursement journalier des billets émis, et que les 4/5es restant devaient être employés, comme accumulation de capital, à accélérer la marche des affaires. Quoi qu'il en soit de cette proportion peu convenable aujourd'hui, il est certain que nous sommes loin de compte, et que si, depuis lors, quelque chose a été en progrès, ce n'est certes pas l'extension du crédit ni le progrès proportionnel de la confiance sur toute la surface du pays.

Les espèces, avons-nous dit, sont un moyen d'échange trop borné et leur quantité est trop en disproportion avec l'énorme masse de valeurs mises en circulation par l'industrie moderne. Pour suppléer à cette insuffisance, il faudrait que le crédit *qui remplace les capitaux*, s'étendît assez pour combler cette lacune, et fut lui-même affranchi des inconvéniens attachés à la mobilité des écus. On doit donc désirer :

1° Un système de crédit dans lequel le papier soit revêtu d'une telle solidité, qu'il puisse se rapprocher le plus possible de la valeur des espèces.

2° Que ce crédit soit en quelque sorte national et intrinsèque, c'est-à-dire indépendant des fluctuations du dehors.

3° Enfin, que l'agent indispensable de l'industrie, qui se trouve aujourd'hui agité d'une manière arbitraire et cupide par les capitalistes et les hommes à argent, soit gouverné par des hommes tirés du sein de l'industrie, et par conséquent intéressés à son bien-être.

Plein de ces idées, j'ai conçu un système de crédit que j'ai soumis au gouvernement. Je ne crois pas avoir été compris, et je n'en suis pas étonné. Les nombreux et fréquens changemens de ministère laissent trop peu de temps aux méditations des hommes appelés à gouverner. J'ai donc pris le parti de le reproduire à la suite des idées que je viens d'exposer, espérant trouver près d'un public éclairé plus de loisir et de sympathie.

La pensée dominante de cet écrit est que *la société ne peut satisfaire à ses besoins sans donner lieu à une somme de salaires suffisante à la subsistance des travailleurs ; et que l'industriel, avec une bonne organisation de crédit, doit désormais trouver des ressources aussi fixes et aussi certaines que le propriétaire dans la rente de sa terre, et le capitaliste dans l'intérêt de ses capitaux.*

Conçu d'abord pour sortir de la crise de juillet, ce projet n'est pas moins applicable aujourd'hui qu'alors, puisque nous avons vu se prolonger jusqu'à ce jour la triste opportunité qui l'a fait naître.

ALLIANCE DE LA PROPRIÉTÉ ET DE L'INDUSTRIE.

Projet pour la création de douze comptoirs municipaux, au moyen desquels les industriels de toutes les classes participeraient à des crédits proportionnels à leurs facultés productives.

La révolution de juillet est aujourd'hui regardée comme la cause unique des souffrances qui désolent journellement l'industrie; à vrai dire, il semble qu'on devrait plutôt la considérer comme la cause occasionnelle qui a révélé tous les vices et mis en lumière toute la nullité de notre constitution financière. En effet, qu'y a-t-il de changé depuis juillet? Les mêmes besoins existent, le désir de les satisfaire est le même; les écus seulement ont disparu, et la confiance publique ne renaît pas. Or, cette confiance, sans laquelle le possesseur des instrumens de travail ne consentira jamais à s'en dessaisir sur la foi d'une *promesse* de paiement, voyons s'il n'y aurait pas moyen de la réveiller en substituant aux écus, moyen d'échange restreint et insuffisant, un signe entouré d'une telle garantie, d'une telle solidarité, que la *promesse* de paiement sur laquelle repose tout le crédit, fût prise comme une valeur actuelle et certaine.

Il y a environ deux milliards d'espèces en France, et huit cent millions seulement en Angleterre, et pourtant l'Angleterre fait dix-huit fois plus d'affaires que la France. Il en faudrait conclure que le capital anglais circulerait quarante-cinq fois plus vite que le capital français, si les institutions de crédit étaient les mêmes dans les deux pays, ou que les espèces sont moins utiles de l'autre côté de la Manche que chez nous.

Cette différence énorme entre ces deux sommes, nécessaires à l'un et à l'autre royaume, vient de ce qu'en France les écus jouent un rôle principal, tandis qu'en Angleterre ils n'occupent dans les transactions commerciales qu'un rang secondaire. Chez nous la plupart des paiemens s'effectuent en argent; chez nos voisins, les billets de banque y suppléent, et l'argent ne sert que d'*appoint*: première économie. Et si l'on réfléchit que deux milliards d'espèces ne supposent que 20,000 capitalistes possesseurs de 100,000 fr., ou 100,000 individus possédant 20,000 fr. chacun, on est effrayé de voir l'agent principal de la circulation ainsi monopolisé par quelques hommes étrangers aux intérêts de l'industrie, n'entrant en contact avec elle que pour l'exploiter, toujours prêts à la première alerte à cacher leurs écus, et s'inquiétant peu de sacrifier à une crainte égoïste et barbare, qu'on appelle prudence, le bien-être des classes laborieuses et la prospérité de l'industrie, c'est-à-dire, matériellement parlant, de l'État.

Il est temps que le gouvernement jette un coup-d'œil attentif sur l'épouvantable constitution financière à laquelle la France est soumise, et qui tend à rendre les crises commerciales de plus en plus fréquentes et inquiétantes pour la tranquillité publique. Jusqu'ici il a paru croire qu'en créant des travaux, il ferait renaître le crédit; il serait, ce me semble, plus rationnel de penser qu'en fondant une bonne constitution de crédit, il ranimerait sûrement les opérations industrielles. C'est donc sur cette organisation que je vais essayer de développer quelques vues utiles.

Chacun sait aujourd'hui qu'un vaste système de finances ne peut être fondé que sur une grande prospérité commerciale, et conséquemment sur les intérêts du travail, source de toute richesse et de toute valeur, principe auquel il faut tout ramener. En effet, le billet d'un cordonnier qui a acheté 50 s. de cuir avec lequel il a fabriqué une paire de souliers de 8 fr., est plus solide intrinsèquement que la traite même fournie sur son marchand de cuir et acceptée par lui, puisque le paiement de cette traite, si l'on fait abstraction des garanties qu'elle a acquises par la signature de banquiers qui ont une fortune antérieure à l'opération dont il s'agit, ne repose que sur le paiement du billet de notre travailleur. Ce principe général bien reconnu, il faudra, je le répète, établir tout système de crédit dans l'intérêt des travailleurs, sur lesquels par le fait il repose, et non sur celui des capitalistes, détenteurs onéreux et improductifs des instrumens de la production.

Telle est l'idée fondamentale qui a présidé à la conception du plan que l'on va lire, et sur l'importance duquel j'appelle l'attention.

Je propose de créer pour Paris douze comptoirs d'escompte; je les appelle *municipaux*, parce que chaque comptoir est doté au moyen d'une garantie municipale fondée sur cinq centimes additionnels à la propriété foncière, garantie qui forme le premier anneau d'alliance entre la propriété et l'industrie.

Chaque comptoir est dirigé par cinq gérans qui déposent chacun 50,000 fr. en cautionnement de leurs opérations; leur intérêt répond de leur prudence.

Chaque gérant fait choix ensuite de trois chefs ou courtiers de crédit; ce sont eux qui, comme les escompteurs d'aujourd'hui, accordent aux industriels de tous les étages la latitude de crédit au moyen duquel ils peuvent entreprendre. — Conséquemment, c'est à eux que les industriels doivent adresser leurs demandes: après les enquêtes ordinaires, le crédit leur est accordé ou refusé avec *discernement*.

En peu de temps chaque clientelle est formée, et il ne reste plus qu'à opérer. Observons que chaque crédit doit être renouvelé tous les trois mois.

Voici les conditions imposées aux cliens du chef de crédit:

1° Chaque client doit se soumettre à élire domicile au comptoir pour le paiement de ses billets.

2° A n'en souscrire aucun que sur un papier *incontrefaisable* délivré par le comptoir.

3° A payer 1/2 p. 0/0 de la valeur du billet souscrit au comptoir municipal.

4° A déposer 1/10 du montant dudit billet, comme avance de paiement.

Après ces quatre conditions remplies, le comptoir municipal imprime sur le billet son estampille de garantie solidaire: dès-lors le billet est assuré. C'est en quelque sorte de l'argent à terme.

Si l'on réfléchit à la solidité d'un effet souscrit sur un papier *incontrefaisable* et garanti, on verra que bientôt aucun négociant n'en voudra recevoir d'autres. Cette première conséquence est immense, car dès-lors étant pris comme argent, *quelle que soit la signature*, ils rendront l'écu moins cher, ce à quoi il fallait arriver.

Une autre conséquence non moins importante, c'est que l'usure se trouvant ainsi supprimée, les fabrications s'exécuteront à meilleur marché, l'industriel n'ayant plus de prime à payer à la défiance vraie ou supposée de celui avec lequel il traite.

La nature du crédit accordé ne consiste donc d'abord que dans la garantie donnée par le comptoir sur le billet souscrit sur son papier, puisqu'il est ensuite rendu au souscripteur, qui s'en sert pour effectuer des paiemens à six, neuf ou douze mois; mais seulement lorsque le billet n'a plus que trois mois à courir, il peut être présenté à l'escompte; c'est alors que le comptoir municipal achève de remplir le rôle de banquier, et que le crédit reçoit son entier accomplissement.

Nous avons supposé que chaque comptoir fera 100 millions d'escompte, c'est 1200 millions pour les 12.

On jugera par comparaison si nous sommes dans des termes exagérés; la Banque de France a fait dans une année jusqu'à 700 millions d'escompte, et pourtant elle laisse beaucoup plus à faire encore à dix-sept ou dix-huit cents négocians auxquels elle a ouvert un compte; ceci est un grave inconvénient, car ces accrédités n'ont d'autre règle ni d'autre mesure que leur avidité; d'ailleurs ils ne font partie d'aucune hiérarchie, ils ne sont soumis à aucune surveillance; il n'y a aujourd'hui nul moyen de réfréner leurs déportemens, qui sont effroyables: il y a eu depuis trois mois des escomptes faits à raison de 66 p. o/o. Il est à propos sans doute d'arrêter de pareils brigandages.

Avant de démontrer comment chaque comptoir pourra, avec 1 million, faire par an 100 millions d'escompte, nous allons parler de quelques garanties qui assureront ses opérations.

Chaque comptoir pourra recevoir par association toutes les mobilisations de biens-fonds qu'il plaira à un capitaliste de verser. Ainsi une maison de 100,000 fr., valeur bien constatée, rapportant 5,000 fr. de rente, mise en société dans le comptoir, sera représentée par cent actions signées du propriétaire. Pour régulariser cette mobilisation, il faut seulement que le comptoir puisse faire inscrire sans frais cette maison aux hypothèques, comme engagée dans l'association. Le propriétaire de la maison recevra, outre son revenu qu'il gérera lui-même, une prime de 3 p. 0/0 pour la garantie qu'il ajoute aux opérations du comptoir. On pourra également mobiliser les rentes sur l'Etat, en offrant au titulaire une prime égale aux 3/5 de la rente; il n'est pas douteux qu'un grand nombre de propriétaires, attirés par un intérêt de 8 p. 100, s'empresseront d'affecter leurs biens en garantie.

La Banque de France est destinée à jouer un grand rôle dans nos opérations; elle a une consistance puissante dont il faut tirer parti.

Le comptoir municipal qui aujourd'hui a escompté 1 million, ne peut recommencer ses escomptes s'il ne fond son papier à la Banque contre ses billets.

Il faut donc se faire ouvrir un crédit à la Banque; pour l'obtenir,

1° On déposera comme cautionnement les 250,000 fr. versés dans chaque comptoir par les cinq gérans. Cela forme 3 millions pour les douze comptoirs.

2° On offrira encore, pour chaque million renouvelé, de verser les 100,000 fr. provenant de 1/10 laissé par tous les souscripteurs de billets.

3° 100,000 francs encore de mobilisation de maisons ou de rentes.

4° Enfin la dernière, plus efficace de toutes les garanties, se trouve dans le 1/2 p. 100 payé par tous les confectionnaires; cette garantie seule est immense, et vaut mieux sans doute que toutes les signatures du monde.

Le calcul de l'escompte pour un comptoir pendant un trimestre et pendant un an, va attester la multiplicité des ressources de notre système et son efficacité.

La guerre même qui, en absorbant d'une manière improductive les richesses de l'industrie, détourne ses efforts des travaux de la production pour ceux de la destruction, n'aura pas le pouvoir d'arrêter, par la disette des capitaux, presque tous les travaux pacifiques. Le crédit ainsi constitué prendra une élasticité favorable, en leur procurant les instrumens de travail proportionnés aux besoins.

Un mot encore sur la moralité des agens de l'entreprise.

Aujourd'hui les membres du comité d'escompte se réunissent à la Banque pour discuter les titres des postulans.

Il résulte de cette combinaison de graves inconvéniens. Souvent on se montre complaisant pour un rival qui bientôt doit vous remplacer au comité; d'autres fois, employés accidentellement à des fonctions étrangères à leurs habitudes, les membres ne connaissent pas la consistance du papier présenté, ensorte que leur ignorance et leur intérêt viennent continuellement se jeter à la traverse. Dans notre système, au contraire, les chefs de crédit exclusivement occupés d'une fonction toujours la même, et de plus pécuniairement intéressés à une gestion consciencieuse, qui d'ailleurs se sont donné les soins nécessaires pour apprécier les confectionnaires du papier présenté, ne peuvent être exposés aux mêmes erreurs ni aux mêmes complaisances.

J'entre dans les calculs de l'opération; ils vont prouver à l'instant la possibilité d'un meilleur avenir; il est prochain si on veut m'écouter.

Quarante négocians munis d'un diplome de crédit délivré par les chefs de crédit, se présentent et obtiennent de souscrire chacun pour 25,000 fr. de papier à six mois; après quoi il est estampillé, c'est-à-dire garanti.

Ils ont déposé le 1/10 du montant de leurs billets souscrits sur papier *incontrefaisable*, plus 1/2 p. 0/0 pour la garantie mutuelle des effets.

Le 1/2 p. 0/0 appartient aux comptoirs.

Le 1/10 appartient au confectionnaire des billets, et les intérêts de ce 1/10, à 6 p. 100, servent de prime aux chefs de crédit, qui sont responsables de leurs clients, comme il sera dit.

Il est évident que pour 1 million d'escompte il y a 100,000 fr. en dépôt au comptoir. Tout ce papier, lorsqu'il n'a plus que trois mois, est présenté à l'escompte.

Voyons si les bénéfices produits répondent à toutes exigences.

1 million d'escompte pour quatre-vingt-dix jours, à 5 p. 0/0 l'an	12,500
Commission, 1/4 pour trois mois	2,500
1/2 p. 0/0 de garantie mutuelle	5,000
	20,000.

Exigences.

Trois mois d'intérêt du fonds municipal, à 5 p. 0/0.	12,500
Prime au propriétaire de la maison mobilisée A, ou de la rente B.	750
Frais de gestion, 3,000 par million, trois mois.	750
6 p. 0/0 du 1/10 au profit des chefs de crédit.	1,500
	15,500
Différence.	4,500
Somme égale.	20,000

Le premier million d'escompte donne donc un bénéfice de 4,500, tous intérêts, primes et frais payés.

Que sera-ce lorsque nous aurons la faculté de renouveler nos valeurs!

Partons du point où nous avons laissé la première opération.

Nous avons donné 900,000 fr. écus ou banques-notes, moins l'escompte pour 1 million de papier à trois mois, donc en portefeuille........ 1,000,000 fr.

Dépôt du 1/10 écus, mémoire, 100,000 fr.

En portefeuille........ 1,000,000 fr.

Si l'on peut escompter à la Banque de France ce million à 3 p. 0/0, nous aurons 992,500 pour recommencer les escomptes.

Mais comment acquérir auprès de la Banque un crédit sans bornes autres que les besoins du commerce?

Ce ne peut être que par le dépôt d'une somme quelconque, et ce aux termes de ses statuts.

Observons que chaque million est garanti par un 1/2 p. 0/0 prélevé sur tous les billets au moment de leur confection; qu'il y a en outre sur chaque million 1/10e payé d'avance, qui est de 100,000, et que chaque million est en outre garanti par la mobilisation de la maison A ou de la rente B.

Ainsi, recevant tous les deux jours, avec une mobilisation de 100,000 francs, un million du papier de commerce accepté par les comptoirs municipaux, la Banque de France doit trouver sûreté. Cette opération, quelqu'étendue qu'elle paraisse, reste en rapport avec les capitaux actuels à la Banque, car elle a 100 millions d'écus, et peut sans risquer, d'après l'expérience, émettre 200 millions de banques-notes.

Si la Banque se prête à cette combinaison, la plus solide qui puisse exister, elle aura reçu la garantie de plus qui est stipulée par l'article 15 de ses statuts, et il est incontestable que dès-lors le renouvellement du papier de commerce escompté par les comptoirs municipaux, n'aura d'autres bornes que les besoins du commerce, et que les écus, par leur abondance ou leur disette, ne pourront exercer désormais un grand empire sur la masse des transactions.

Ce renouvellement pourrait se faire deux fois par semaine et huit fois par mois. Prenons ce mouvement pour une réalité, et voyons ce que le seul million d'un comptoir municipal va faire d'escompte dans un an.

On doit voir de suite qu'avec le million fourni par le corps municipal à un comptoir au moyen de 25 maisons de 100,000 fr. chacune, ou de 2,500,000 en immeubles mobilisés, on établira un mouvement de 25 millions.

Mais comme ces 25 millions à 90 jours se renouvelleront 4 fois dans l'année, nous allons calculer les produits d'un comptoir pour un an ; voyons d'abord les dépenses.

Les immeubles de garantie montent à 2,500,000 francs, et coûtent une prime de....................	75,000 fr.
L'intérêt du million prêté par la ville ou sur sa garantie, s'élève à....................	50,000
Les 6 p. o/o du 1/10 de 25 millions au profit des chefs de crédit font....................	150,000
A porter pour frais de gestion, 3,000 francs par million....................	75,000
25 millions escomptés à la Banque de France à 3 p. o/o....................	750,000
TOTAL..........	1,100,000

Voici les produits :

25 millions à 5 p. o/o d'escompte..........	1,250,000 fr.
1 p. o/o de commission....................	250,000
1/2 p. o/o de garantie mutuelle..........	125,000
TOTAL..............	1,675,000

Dont il faut déduire les dépenses de........ 1,150,000

Il y a donc un profit d'au moins............ 575,000 fr. pour un seul comptoir.

Pour les 12 comptoirs 6,900,000 fr., ou plus de 50 p. 0/0 de bénéfices.

Les sinistres peuvent-ils être évalués à 125,000 fr. pour chaque comptoir, c'est-à-dire à 1,500,000 pour les 12? On ne le croit pas.

Car la Banque, sur 400 millions, n'a jamais perdu plus de 50,000 francs; quand les comptoirs feraient 1200 millions d'escompte et perdraient le double de la Banque de France, la perte ne s'élèverait qu'à 300,000 francs; il y aura donc dans ce cas 6,600,000 de bénéfices assurés.

En résumé, nous pouvons affirmer, 1° que les propriétaires peuvent sans risques donner leurs immeubles mobilisés ou leurs rentes sur l'État aux comptoirs municipaux pour les opérations d'escompte; 2° qu'il est possible de rendre le crédit accessible au petit commerce, même aux ouvriers rangés et industrieux, ce serait un immense avantage: tout homme qui a un état et du talent, *est un capital*, il importe au bien de tous de l'utiliser. Nos comptoirs municipaux rempliraient exactement ce but désirable; 3° au moyen de ces comptoirs, les écus cesseraient d'avoir cette affreuse influence qu'ils exercent par la frayeur de ceux qui les possèdent, ou les manœuvres des hommes puissans, qui, en jouant à la baisse ou à la hausse, font à leur profit personnel le malheur et le désespoir des populations, etc., etc.

Il ne sera pas sans doute échappé au lecteur que le 1/2 p. 0/0 produira, pour 1200 millions d'escompte, 6,000,000 toujours prêts à répondre aux sinistres que peuvent essuyer les comptoirs municipaux. Cette somme appartient en commun à tous les comptoirs, et devra avoir été épuisée par les pertes générales avant d'attaquer les autres garanties. Cette disposition doit éloigner des chefs de crédit toute idée de mesquine défiance. Toutefois voici comme on pourrait prévenir de leur part une témérité imprudente.

Chaque chef de crédit qui aura autorisé deux millions de crédit par année, gagnera, à raison de 6 p. 0/0 sur le 1/10 déposé, 10,000 francs. La moitié de cette somme, après que le 1/2 p. 0/0 aurait été épuisé, serait appelée à couvrir les pertes que chacun d'eux aurait occasionnées par sa trop grande facilité, mais seulement dans sa propre clientelle. La même mesure se reproduit pour les gérans; la moitié de leurs bénéfices devra répondre des sinistres essuyés dans les clientelles des trois chefs de crédit dont chaque gérant fait choix et qui relèvent de lui. Enfin, derrière ce rang triple de garanties se présente une dernière et immense réserve composée d'abord des trois millions de cautionnement versés à la banque, et enfin des biens-fonds et des rentes mobilisés, dont l'ensemble offre à la Banque de France, porteur de presque tous les effets escomptés, des motifs de sécurité dont aucune entreprise financière n'a encore donné d'exemple; en même temps que la propriété se trouve dotée d'une augmentation considérable de revenu, et que cet échange réciproque de garanties d'une part, et de richesses de l'autre, forme entre la propriété et l'industrie le dernier anneau d'une association profitable pour toutes deux.

GUÉROULT,

Ex-membre du Conseil des fabriques et Manufactures près le Ministère du Commerce, en 1812, 13 et 14, Rue de Paradis-Poissonnière, n° 35.

Ceux qui auront lu ce projet avec quelqu'attention, auront vu qu'avec 600,000 francs de rentes on pouvait tout-à-coup se procurer 12 millions à la Banque, qui *a trop de capitaux*, et créer douze comptoirs, dont l'organisation, tout-à-fait en harmonie avec le petit commerce, établirait, au profit de cette classe, une confiance que sa situation ne lui permet pas d'obtenir. La crise alors eût été maîtrisée. Ces 12 millions entourés de garanties, auraient, par une combinaison fort simple, donné lieu, en cas de besoin, à 1200 millions d'escompte. Je crois avoir réussi à lier l'existence de ces comptoirs autorisés par l'article 15 des statuts de la Banque, au crédit de toute la France, en affiliant à chacun d'eux, selon le vœu de l'art. 10, des comptoirs provinciaux érigés dans toutes les localités où leur existence serait jugée nécessaire.

Les bénéfices considérables assurés à cet établissement, doivent faire naître à des capitalistes l'envie de tenter cette opération, si en définitive le gouvernement, qui ressent si impérieusement le besoin de protéger la *propriété*, n'a pas les mêmes entrailles pour les travailleurs.

Je vais maintenant résumer en peu de mots les résultats obtenus par la création des douze comptoirs d'escompte, que nous rattachons à la Banque de France.

J'ai supposé que chaque année, seraient escomptés environ 1,200 millions de valeur. Ce serait par trimestre 300 millions de papier *incontrefaisable*, et marqué de l'estampille de garantie, qui seraient mis en circulation.

1° Ce papier, entouré de la garantie solidaire de tous les répondans et revêtu d'un caractère public, sera nécessairement considéré comme *un écu à terme*; le nom du souscripteur sera indifférent, puisque sa probité et sa moralité ont été déjà appréciées et garanties par le comptoir; un pareil billet devra donc toujours trouver à s'échanger contre des écus, sauf l'escompte pour le temps à courir jusqu'à l'échéance; mais de cette manière l'escompte sera singulièrement simplifié, et par suite réduit à un taux plus bas; aujourd'hui sa *cherté* est une prime proportionnée à l'attente et aux risques, alors la part de la défiance et de l'incertitude sera nulle. Aussi les hommes qui auront des écus inactifs s'empresseront-ils de les utiliser en les échangeant contre le papier du comptoir. Dès-lors plus de crainte de voir, dans le plus grand nombre de cas, les espèces s'enterrer et disparaître, ni les affaires être suspendues.

2° La condition imposée à tout confectionnaire d'élire son domicile au comptoir, donnera à chaque caisse la faculté de faire face à un très grand nombre de billets avec très peu de numéraire, car 10 millions, s'ils changent dix fois de mains, suffisent à payer 100 millions. Mais pour que cette mutation soit aussi rapide, il faut qu'elle ait lieu dans un local resserré, et c'est ce qui arrivera facilement dans l'espace d'un comptoir.

3° La surveillance consciencieuse et intéressée d'ailleurs des chefs de crédit, sera un obstacle à la création de valeurs *dites de complaisance*. Cette surveillance des chefs des crédits, dont on ne manquera pas de se méfier à l'avance, parce qu'il est convenu qu'il faut se méfier de tout le monde, cette surveillance, dis-je, est au contraire une des plus fortes garanties qu'on puisse concevoir, car le chef de crédit est intéressé pécuniairement lui-même à la prudence; un refus malveillant et non motivé serait un sérieux grief contre lui : on peut donc compter sur son discernement impartial. Et après tout, si quelques abus devait s'introduire, car on ne peut pas compter sur la perfection, il faudrait comparer ces inconvéniens avec ceux qui ressortent de notre système actuel, alors le choix ne serait pas douteux.

Enfin, après la sûreté et les facilités accessoires que nous venons de signaler, le triple but que nous nous étions proposé serait atteint, puisque,

1° Au moyen de cet établissement tout homme laborieux aurait, par son diplome, acquis un crédit certain qui équivaudrait au capital qui lui manque.

2° Les fluctuations occasionnées dans le numéraire par des causes extérieures auraient peu de prise sur la prospérité intérieure, car le papier des comptoirs est de sa nature inexportable, et constitue un agent d'échange intrinsèque et propre au pays.

3° Le sort des affaires serait soustrait au caprice de capitalistes timides ou malveillans, pour être remis aux mains des industriels, seuls directeurs compétens.

Plusieurs objections m'ont été adressées sur ce projet, auxquelles j'essaierai de répondre avant de terminer.

Des hommes qui jouissent d'une grande réputation de prudence, ont paru effrayés de la multiplication prodigieuse des moyens de crédit.

Sans doute si la somme des escomptes devait tout d'un coup, et sans préparation, s'élever à 1,200 millions, de grands désordres s'ensuivraient; ce serait concentrer à Paris, où le mouvement doit nécessairement commencer, des efforts de production disproportionnés avec l'action présente du reste de la France, disproportion qui n'aboutirait qu'à l'encombrement; de plus ce serait rendre l'organisation défectueuse et l'appréciation des individus à peu près impossible; mais ce chiffre que je regarde comme le résultat prochain de l'effort une fois commencé, ne devrait être atteint que progressivement. En définitive, il faut marcher pas à pas, il est vrai, mais encore faut-il marcher, et la Banque actuelle s'est constituée stationnaire, si non rétrograde. Que si c'est la progression elle-même qui excite les alarmes, je dirai que c'est un fait nécessaire, et que lui susciter des obstacles, c'est amener la misère et de violentes commotions.

La seconde objection est de savoir si la Banque, qui n'a jamais fait plus de 6 à 700 millions d'escompte, pourrait doubler ou à peu près la somme de ces opérations.

Or je crois que la Banque possédant un capital de 100 millions, et pouvant émettre habituellement 200 millions de ses billets, escompterait très facilement, le cas échéant, 300 millions par trimestre, ou 1,200 millions par an. Que si cette quantité se trouvait un jour de beaucoup dépassée, et que des scrupules financiers vinssent s'agiter, ce qui dans ce cas serait très fondé, rien ne s'opposerait que dès lors elle ne créât de *nouvelles actions* pour subvenir à ses nouveaux besoins. Cette mesure deviendrait même une nécessité, car il importe au pays tout entier de cantonner dans les coffres d'un grand établissement comme la Banque, dont l'existence répandrait partout la vie, la somme d'écus nécessaire à l'effectuation des paiemens; cette disposition aurait d'ailleurs un autre effet des plus salutaires, c'est qu'insensiblement la Banque et les comptoirs finiraient par être les détenteurs de tout le numéraire utile, et qu'en définitif le maniement des écus cesserait d'être à la disposition de l'intérêt particulier, qui est disposé à en abuser.

La dernière question à examiner est celle-ci : La Banque peut-elle, d'après ses statuts, se prêter à cette disposition nouvelle ?

Non-seulement elle le peut, mais elle y est contrainte : ses articles 10 et 15 sont formels à cet égard; ils lui imposent l'obligation de recevoir le papier du petit commerce avec une garantie de plus. Or, voyons les garanties offertes par les comptoirs : la signature du producteur au profit du commerçant qui lui procure la matière première et l'endos de celui-ci; voilà les deux signatures. Maintenant le comptoir assure, moyennant prime, le paiement de cet effet, voici la garantie exigée par l'article 16, et certes elle a une certaine solidité. Voici donc remplies les conditions imposées par les statuts : comment la Banque pourrait-elle refuser? Et dès qu'elle aura accepté, les comptoirs municipaux pourront multiplier bientôt leurs ramifications sur toute la France et répandre partout, avec l'aisance, des chances de lumière et de moralité dont une grande partie de la population est encore sevrée. Quelle crise alors aurions-nous à redouter ?

Il devient chaque jour plus urgent que ces mesures ou d'autres analogues soient enfin adoptées, car on ne peut penser que les 9/10 du genre humain soient éternellement réservés à la misère, à l'ignorance, à l'abrutissement, causes incessantes de ces perturbations commerciales et politiques, dont ils sont à la fois instrumens et victimes ; on ne peut croire surtout que des propriétaires, des capitalistes, maîtres, par de légers sacrifices, de faire cesser tant de calamités, se refusent opiniâtrément à toute espèce de concession, et persistent à vouloir comprimer par la force et par la violence l'énergique explosion de ces besoins dont la satisfaction est dans leurs mains.

Pour moi, je crois que la Providence ne nous a pas destinés à un combat, à une lutte perpétuelle; nous avons reçu d'elle la puissance de combiner les élémens d'ordre qui s'agitent aujourd'hui confusément dans le chaos social ; c'est à nous à les y démêler, à les y saisir, et à fertiliser par une harmonie nouvelle les germes de richesse et de prospérité qui nous entourent.

cations sur toute la France et répandre partout, avec l'aisance, des chances de lumière et de moralité dont une grande partie de la population est encore sevrée. Quelle crise alors aurions-nous à redouter ?

Il devient chaque jour plus urgent que ces mesures ou d'autres analogues soient enfin adoptées, car on ne peut penser que les 9/10 du genre humain soient éternellement réservés à la misère, à l'ignorance, à l'abrutissement, causes incessantes de ces perturbations commerciales et politiques, dont ils sont à la fois instrumens et victimes; on ne peut croire surtout que des propriétaires, des capitalistes, maîtres, par de légers sacrifices, de faire cesser tant de calamités, se refusent opiniâtrément à toute espèce de concession, et persistent à vouloir comprimer par la force et par la violence l'énergique explosion de ces besoins dont la satisfaction est dans leurs mains.

Pour moi, je crois que la Providence ne nous a pas destinés à un combat, à une lutte perpétuelle; nous avons reçu d'elle la puissance de combiner les élémens d'ordre qui s'agitent aujourd'hui confusément dans le chaos social; c'est à nous à les y démêler, à les y saisir, et à fertiliser par une harmonie nouvelle les germes de richesse et de prospérité qui nous entourent.

IMPRIMERIE DE J. L. BELLEMAIN,
RUE SAINT-DENIS, N° 268.

www.ingramcontent.com/pod-product-compliance
Lightning Source LLC
Chambersburg PA
CBHW070736210326
41520CB00016B/4474
9782019602208